LES

PAUVRES HONTEUX

DE LA FEUILLETTE DE BOUÉE.

— 1746. —

Par M. l'abbé Ch. LOYER,

Ancien curé de Laghouat, Membre de la Société archéologique de Nantes,
de la Société centrale de Colonisation, etc.

(Extrait de la REVUE DES PROVINCES DE L'OUEST. — 6e année, 1858-59.)

NANTES,
And GUÉRAUD ET Cie, IMPRIMERIE-LIBRAIRIE
DU PASSAGE BOUCHAUD.
—
1859.

LES PAUVRES HONTEUX

DE LA FEUILLETTE DE BOUÉE (1).

1746.

Les droits seigneuriaux relatifs aux fiefs, étaient de trois sortes : les essentiels ou substantiels, les naturels ou ordinaires, les accidentels ou extraordinaires. « Les droits naturels ou ordinaires, dit « Hervé, sont ceux qui ont lieu de plein droit, sans titre ni stipu- « lation, parce qu'ils découlent naturellement des fiefs, et qu'ils sont « admis dans le droit commun coutumier. Tels sont l'obligation de « porter l'hommage, le *rachat* ou *relief*, le quint ou les lods et « ventes, la saisie féodale, la commise, etc. Pour être dispensé de « ces droits, lorsqu'on vit sous le régime féodal, il faut un titre « positif d'exemption (2). »

Suivant la définition donnée par le célèbre jurisconsulte breton Poullain du Parc, le *rachat,* dont nous allons toucher un mot pour l'intelligence de cet article, « le rachat est le droit qui appartient au « seigneur lige, à l'usufruitier ou au fermier de la seigneurie, de

---

(1) Ce terme de *feuillette* se rencontre quelquefois en Bretagne. Ainsi, il y a la feuillette de Saint-Joachim, par rapport à Montoir; celle de la Chapelle-des-Marais, érigée en paroisse en 1771, par rapport à Missillac, etc. Il signifie proprement une mesure de vin; mais ici nous croyons qu'il doit être pris pour un diminutif de feuille : comme feuilleton, diminutif de feuillet; rolet, de rôle. C'était une petite feuille, par opposition à la grande feuille paroissiale, sur laquelle on inscrivait soit les actes civils particuliers, soit les levées de deniers, d'une trève ou succursale de paroisse; d'où cette trève ou succursale, desservie par un vicaire, était dite feuillette. Cette dénomination nous paraît être à la fois ecclésiastique et fiscale. Presque toutes les localités auxquelles elle s'appliquait sont devenues autant de succursales ou desservances. (*Note de la Rédaction.*)

(2) *Théorie des matières féodales et censuelles,* tome Ier, page 385.

« jouir d'une année des revenus et d'une seule et entière récolte
« des héritages, fiefs, dîmes inféodées, même possédées par l'Église
« en fief, et des autres droits réels que le vassal, mort naturellement
« ou civilement (¹), tenait sous sa seigneurie, à la charge de jouir en
« bon père de famille et de rendre les biens au même état que le
« seigneur les a reçus, sans détérioration (²). »

Nous ignorons sur quelle autorité s'appuie Hervé, lorsqu'il avance
que le rachat est un droit naturel des fiefs. Poullain du Parc, au con-
traire, déclare que ce droit, *naturel* sous le domaine du roi pour les
biens tenus noblement, n'est qu'*accidentel* sous les autres sei-
gneuries (³).

Quoi qu'il en soit de cette divergence de sentiments, fort peu importante du reste, ces auteurs comptent le droit de rachat au nombre
des usages les plus anciens du régime féodal, sans qu'ils puissent
cependant assigner une date certaine à son origine. On sait seulement qu'il était connu longtemps avant le règne de saint Louis. Ainsi
Galland prouve qu'il existait en Écosse dès l'an 1004; en Angleterre,
vers la fin du XII° siècle; en Flandres, en 1121, et il conclut de là
qu'il est plus ancien en France, parce que les Anglais, les Flamands
et plusieurs autres peuples ont emprunté de la France l'usage et
les règles des fiefs. L'abbé Mably cite également une ordonnance
rendue en 1209 par Philippe-Auguste sur le rachat (⁴), et enfin nous
voyons, en 1275, le duc de Bretagne Jean I⁰ʳ, par ses lettres données
à Nantes au mois de janvier, substituer au droit de bail, dont ledit duc
et les autres seigneurs avaient joui jusqu'à cette époque, celui de
rachat (⁵).

Que ce droit dérivât de l'hérédité des fiefs, comme le prétend
Hervé à la page 197 de son *Développement historique des matières
féodales*, ou que les seigneurs se le fussent abusivement arrogé, peu
importe; toujours est-il que, sauf l'exception signalée en note, la
mort naturelle ou civile du vassal y donnait lieu. Lors donc que

---

(1) Il y avait pour ce cas une exception : la mort civile de l'homme *vivant et
mourant*, fourni par une communauté, ne donnait pas lieu au rachat.

(2) *Principes du Droit françois, suivant les maximes de Bretagne*, tome II,
liv. II, ch. 3 : *des Fiefs*, sect. 13.

(3) *Ibid.*, tome II, liv. II, sect. 5.

(4) *Observations sur l'histoire de France*, tome II, page 335.

(5) Dom MORICE, *Preuves de l'histoire de Bretagne*, tome I⁰ʳ, col. 1037.

l'une ou l'autre mort venait frapper le tenancier, au même instant, et *ipso facto*, le seigneur dans la mouvance duquel le fief se trouvait, entrait dans l'exercice de son droit de rachat; en d'autres termes, suivant l'interprétation des feudistes, il s'emparait des *revenus et de la récolte d'une année*, comme prix d'une sorte d'investiture nouvelle donnée à un nouveau vassal.

D'après la Coutume de Bretagne (art. 360), l'héritier du vassal était obligé de fournir à son seigneur, dans le délai d'un mois à partir de l'ouverture de la succession, au moins le *minu* sommaire des biens qu'il tenait en fief; puis, dans le cours de l'année, de lui rendre *aveu*, sur parchemin, si l'usage le voulait ainsi. L'aveu était un acte authentique passé devant notaire, par lequel le propriétaire d'un fief ou le titulaire d'un bénéfice « reconnoissoit la mouvance de son sei- « gneur et faisoit le dénombrement exact et en détail, avec la con- « frontation par tenants et aboutissants, les noms, la situation, de tout « ce qui composait le fief » relevant de la seigneurie suzeraine (1).

Lorsque le fief avait pour propriétaire un seul vassal, chef de famille ou célibataire, il n'y avait pas de difficulté. A sa mort, le rachat s'ouvrait, le minu était présenté, l'aveu fourni, et les choses suivaient leur cours légal. Mais il pouvait se faire que des biens passifs du rachat, fussent possédés par des corporations ou communautés; alors, comment le seigneur arriverait-il à jouir du bénéfice de son droit, puisque, si parfois les corporations se dissolvent et les communautés s'éteignent, du moins *elles ne meurent jamais?*

La Coutume avait prévu cet inconvénient, et, afin d'y parer, elle avait décidé que la corporation ou communauté serait tenue de bailler au seigneur un homme *de fief*, c'est-à-dire, âgé de 25 ans, domicilié dans le pays, jouissant de la vie civile, et qui prendrait dès lors le nom d'*homme vivant, mourant et confiscant*. Cet homme représentait en lui la propriété de la communauté qui l'avait choisi et offert, et sur sa tête demeurait suspendu le droit désormais sauvegardé du rachat.

Les Pauvres honteux de la feuillette de Bouée se trouvaient dans ce cas en face du seigneur de la baronnie de Campzillon (2), car cette

---

(1) Poullain du Parc, tome II, ch. 3 : *des Fiefs*, sect. 7.

(2) La mouvance féodale de Campzillon, dont le château fut rasé par les Espagnols en 1590, s'étendait sur Mesquer, Piriac, la Roche-en-Bâtz, Careil et autres

singulière corporation possédait en fief, dans la paroisse de Guérande, des terres qui relevaient « prochement et noblement, à devoir de foi, hommage et rachat, » de ladite baronnie.

Le comte Ignace de Tournemine (¹), dernier de ce nom, baron de Campzillon, criblé de dettes et poursuivi à outrance par une meute de créanciers affamés, avait, le 4 août 1732, vendu sa seigneurie, avec tous les droits en dépendant, à M. de la Motte-Jacquelot, conseiller au parlement de Bretagne. Celui-ci, qui, sans se rendre bien compte de la position fâcheuse de M. de Tournemine, et avant d'attendre *les bannies de la prise de possession* (²), lui avait remis à valoir une somme de cent mille livres, se trouva, par suite de son imprudence, disons mieux, de sa généreuse façon d'agir, plongé dans des embarras inextricables. Les créanciers frustrés de l'ancien baron de Campzillon jetaient feu et flamme, donnaient de bon cœur

---

lieux. Cette baronnie a été successivement la propriété des Bourbons-Vendôme, des Tournemine, des Jacquelot, des Kermarec-Traurout ; et enfin ce qui en reste appartient aujourd'hui à M. Chomart de Kerdavy.

(1) La maison de Tournemine, l'une des plus anciennes et des plus illustres de la Bretagne, a eu pour tige au xiie siècle, suivant une ancienne tradition, Guillaume, surnommé par sobriquet Tournemine, fils de Geoffroy Plantagenest, comte d'Anjou, et frère de Henri II, roi d'Angleterre. Dans les siècles suivants, les Tournemine se divisèrent en plusieurs branches, et tandis que l'aîné de la famille conservait la terre principale de la Hunaudaie, les cadets eurent en partage les fiefs de Lauvergnac, Kerjean et Campzillon, situés près de Piriac. Pierre Tournemine, fils de Raoul Tournemine, sire de la Guerche, porta le premier le titre de baron de Campzillon. Il mourut en 1582. Le célèbre jésuite René-Joseph Tournemine, mort à Paris en 1739, était de cette noble famille. — Dans le registre de l'état civil de Piriac, pour l'année 1719, on lit ce qui suit : « Le 10 décembre, fut déposé le cœur de haute et puissante dame Anne-Marie de Coëtlogon (mère du Jésuite), épouse de haut et puissant seigneur Messire Jean-Joseph Tournemyne Hunauday, comte dudit lieu, baron de Campzillon, et en son vivant seigneur de cette paroisse, laquelle mourut en la ville de Vennes, le 2 du présent mois, et son corps inhumé au couvent des Dames religieuses de Nazaret dudit Vennes, le 4 courant, et la cérémonie du dépost de sondit cœur fait en l'enfeu et sépulture ordinaire dans l'église de Piriac (chapelle Saint-Jean : on ne connaît plus l'entrée de cet enfeu), avec messe et service solennel célébré par Missire Pierre Glays, son aumônier, assisté du recteur et prestres dudit lieu, et des plus notables bourgeois, manans et habitans de Piriac. » — Après cela, il n'est plus jamais parlé des Tournemine dans les registres de cette paroisse. *Sic transit.....*

(2) *Coutume de Bretagne*, art. 269.

M. de Jacquelot à tous les grands diables d'enfer, et finalement, ce qui
était à peu près la même chose, lui envoyaient l'huissier. Les oppo-
sitions et saisies pleuvaient sur lui dru comme grêle, et, pour achever
de gâter les affaires, arrivait le comte Ignace de Tournemine, qui
actionnait à son tour les opposants. Enfin, jamais conseiller au parlement ne fut plus empêché à débrouiller le chaos d'un procès
normand séculaire, que M. de Jacquelot à sortir du guêpier dans
lequel il s'était si malencontreusement engagé; et ce n'est que longtemps après qu'il parvint à obtenir son acte d'*appropriement*.

Lorsque les chats se battent, les souris dansent, dit le proverbe.
Les vassaux profitèrent, en effet, des ennuis de leur nouveau seigneur, pour se dispenser de remplir à son égard les devoirs plus ou
moins onéreux que leur imposait le régime féodal. Mais après que
M. de Jacquelot eut obtenu son appropriement, que les notaires, le
sénéchal, le procureur fiscal, le greffier de la baronnie, rentrés dans
le cours de leurs occupations ordinaires, eurent compulsé, classé les
titres et pris connaissance de tous les droits de la seigneurie, les
choses changèrent de face, et chacun dut être rappelé à la subordi-
nation.

Les Pauvres honteux de Bouée n'avaient pas été des derniers à
oublier ce qu'ils devaient au baron de Campzillon. Aussi, lorsqu'on
leur demanda pourquoi ils avaient négligé d'appeler leur seigneur à
jouir de son droit de rachat en temps opportun, ils répondirent, sans
phrases et avec la candeur la plus virginale, par les marguilliers de
la paroisse, qu'ils ne devaient rien à M. de Jacquelot..... que leur
estime.

Malheureusement, ou heureusement, le nouveau seigneur de
Campzillon avait des titres qui prouvaient clair comme le jour que les
Pauvres honteux de Bouée lui devaient encore quelque chose de plus,
et il les menaça d'un procès.

Les marguilliers, dont le général de la paroisse était complice,
firent la sourde oreille, et, avec cette obstination ignorante du paysan
qui, lorsque ses intérêts sont en jeu, ne cède qu'en se sentant le cou-
teau sur la gorge, ils attendirent en disant : « Faut voir ! » — Eux et
le général, on doit leur rendre cette justice, y mirent toute la mauvaise volonté possible. — Le 19 novembre 1745, *ne voyant rien
venir* et à bout de patience, le procureur fiscal de Campzillon ouvrit
la campagne, et, ce jour-là même, Pierre Augay et Charles Levesque,

administrateurs des revenus des Pauvres honteux de Bouée, enten-
dirent dame Justice frappant à leur porte, sous la figure peu
attrayante de Pasquier, huissier au siége de Guérande. Les marguilliers en charge commencèrent à comprendre que M. de Jacquelot
parlait sérieusement cette fois, et en conséquence, comme on disait
alors, *ils se donnèrent des mouvements.*

Le seigneur de Campzillon, assisté de l'avocat Tiffoche, avait
choisi Me Benoist pour procureur ; immédiatement les Pauvres de
Bouée lui opposèrent Me Soreau, un malin qui avait bec et ongles.

Mais au moment où les parties allaient en venir aux mains, il
arriva bien une autre affaire ! Un allié puissant, auquel les Pauvres
honteux n'avaient jamais songé le moins du monde, surgit tout à coup
et, à leur grand effroi, vint leur prêter son appui contre les prétentions de M. de Jacquelot. Claude de la Plaine, fermier général des
domaines du roi en Bretagne, et Me Corantin (il devait être de
Quimper) de Keranguyader, son receveur à Guérande, ayant entendu
parler des difficultés que faisaient les Pauvres honteux pour se sou-
mettre au baron de Campzillon, se dirent tout naturellement : « Il est
évident que ces braves gens doivent relever de quelqu'un, car *nulle
terre sans seigneur ;* si donc les biens possédés par eux ne se
trouvent pas dans la mouvance de M. de Jacquelot, ils relèvent alors
du roi, et, en ce cas, ils nous appartiennent. » La conséquence de ce
victorieux raisonnement se manifesta par une assignation au baron
de Campzillon, et l'intervention au procès d'un nouveau procureur,
Me Cavaro.

Le secours apporté par le fermier des domaines aux Pauvres honteux n'était pas, on le voit, un médiocre embarras. Ne rien payer à
M. de Jacquelot, à la bonne heure ! Mais éviter celui-ci pour tomber
dans les serres impitoyables des gens du roi, n'était-ce pas se sauver
de l'eau pour se perdre dans le feu ? Tant il est vrai que

Souvent la peur d'un mal nous conduit dans un pire.

Aussi la figure de l'administrateur des Pauvres de Bouée s'allongea-
t-elle prodigieusement, en voyant celle du terrible auxiliaire que sa
mauvaise étoile lui jetait sur les bras. Mais qu'y faire ? Le vin était
tiré.....

Si l'on se rappelle que, déjà en 1745, les redevances féodales étaient
loin d'être populaires ni sympathiques, incontestablement Me Soreau

avait le beau rôle de l'affaire ; mais la partie de Benoist n'était pas moins bonne, car, à défaut de raisons nouvelles, il avait en mains d'anciens titres parfaitement en règle. Quant au procureur Cavaro, il n'était là que pour ramasser, au profit des fermiers royaux, le droit du baron de Campzillon, si par hasard les juges venaient à le laisser tomber.

Entre ces valeureux champions la bataille s'engagea. On noircit, de part et d'autres, beaucoup de papier timbré, et l'on rédigea pas mal de mémoires ; mais comme, en réalité, ces procureurs étaient d'honnêtes gens, ils n'embrouillèrent pas trop les affaires : le débat ne dura que sept mois.

Le 14 mai 1746 trouva Me Soreau sous les armes, — mais la Fortune a ses caprices, et, alors comme à présent, elle n'offrait à ses adorateurs rien d'immuable que ses variations. Ce jour-là elle joua au procureur des Pauvres honteux de Boué un de ses plus malins tours ; car, « en l'audience tenue par M. le Sénéschal, présent M. le « procureur du Roy, » il fut battu à plate couture par les titres maudits de son collègue Benoist. Il eut toutefois la consolation de voir Me Cavaro partager son sort : M. de Jacquelot triompha sur toute la ligne. La Cour rendit l'arrêt suivant :

« Le siége a maintenu la partie de Benoist dans la mouvance des quarante œillets de marais possédés par les Pauvres honteux de Bouée dans les salines de Trevaly, Trester frairie de Trescalen, et Grand-Landas frairie de Saillé. En conséquence a renvoyé lesdits Pauvres de Bouée dans la juridiction de Campzillon, pour répondre et satisfaire aux demandes du procureur fiscal de cette jurisdiction. »

Me Soreau, furieux d'un pareil résultat, voulait à toutes forces interjeter appel de cette sentence, qui lui paraissait inique ; mais, malgré les belles protestations de leur procureur, les administrateurs des Pauvres honteux, craignant une nouvelle mésaventure, s'y opposèrent jusqu'à plus ample informé. Ils s'en retournèrent donc à Bouée, et, au lieu de se mettre en peine d'obéir au seigneur de Campzillon, ils se tinrent cois et attendirent.

De son côté, le procureur fiscal de la baronnie attendait aussi ; mais il eut beau regarder à l'horizon de la feuillette de Bouée, rien ne se montra. Perdant enfin patience, le 4 juillet 1746, c'est-à-dire, deux mois après l'arrêt prononcé par le siége de Guérande, il dépêcha aux Pauvres honteux l'huissier Crahé, avec menace de les poursuivre de nouveau, s'ils ne se rendaient pas immédiatement au mandat impératif qu'il leur adressait. Ceux-ci, instruits par l'expérience et ne voulant plus de procès qu'avec la certitude de le gagner, firent d'humbles excuses et demandèrent du temps. Ce retard n'était qu'une ruse de guerre, car les administrateurs des Pauvres en profitèrent pour prendre sournoisement l'avis de deux fameux avocats au parlement de Rennes. Le procureur fiscal de Campzillon réclama de rechef, sans plus de succès. La réponse des avocats de Rennes arriva au mois de décembre; mais comme elle était favorable à M. de Jacquelot, à Bouée, personne ne bougea. En face d'une mauvaise volonté aussi flagrante, l'âme la plus pacifique se fût mise en colère; et c'est en effet ce qui eut lieu. Poussé à bout, le procureur fiscal, qui jusque-là n'avait pas été trop méchant, devint tout à coup féroce, et, au mois d'avril 1747, il montra aux administrateurs des Pauvres honteux des dents tellement effroyables que, pour y échapper, ils se hâtèrent de convoquer le général de la paroisse.

En conséquence, « les juges du lieu, les douze anciens trésoriers qui avaient rendu leurs comptes et payé le reliquat, les notables habitans ([1]), » en un mot, tous ceux qui, suivant les arrêts et règlements de la Cour, avaient voix délibérative dans cette assemblée, se réunirent le 23 dudit mois, et prirent enfin une décision inscrite au registre en la manière suivante :

« Aux fins de la publication faite, dimanche dernier, au prône de la grande messe de cette feuillette, et répétée au prône de ce jour, de la part de Guillaume Seignard et Jan Donnet, marguillers, portant que le général se fût assemblé ce dit jour dimanche 23 avril 1747, pour entendre lecture d'une consultation par eux prise de MM. les avocats du parlement, au sujet des poursuites et demandes de M. le procureur fiscal de Camzillon, sur le fait de fournir pour les pauvres de cette feuillette un homme vivant et mourant et aveu à la seigneurie de Camzillon, et prescrire auxdits marguillers ce qu'ils doivent faire à ce sujet; Nous, etc. Jan Bessard, Guillaume Seignard, René Cheualier, François Allain, Jan Seignard et Couébas, Jan Seignard et Rochard, François Lenuyer, Guillaume Bessard, Vincent Rivière, pierre Chevalier du fief Guichoux, Jan Cheminel, Jan Millet et Charles Menager, les tous notables, anciens marguillers et déliberants de la présente année, Nous

---

(1) *Arrêt du parlement de Rennes, concernant les délibérations et assemblées des paroisses, et l'administration des biens de l'église, du* 28 mai 1718, — contre le général de la paroisse de Vallet, évêché de Nantes.

étant, audit jour, à l'issue de la grande messe, après le son de la cloche, capitulairement assemblés dans la sacristie, en présence dudit Pierre Augay, faisant les fonctions de procureur fiscal du Châtelier, et procureur fiscal de la Cour de Bouées et autre jurisdictions, avons, sur le fait des demandes et prétentions dudit sieur procureur fiscal de Camzillon, délibéré que les marguillers se transporteront incessamment à Guérande pour faire dresser et présenter aveu au seigneur de Camzillon, des quarante-quatre œillets de marais et leurs dépendances qui ont été jugés relever de son fief par la sentence du 14 may 1746, et de donner et fournir à la même seigneurie l'homme vivant et mourant demandé par ledit procureur fiscal, se conformer sur le tout à la consultation qu'ils ont prise à ce sujet, à Rennes, le 20 décembre dernier, signée : DEMARTIGNÉ, PEPIN. A cette fin, donnons pouvoir auxdits marguillers de faire toutes suites nécessaires à ce sujet, et de se servir du ministère de telle personne qu'ils jugeront à propos pour la suite de cette affaire, et de payer les frais légitimement faits et à faire à cet égard, même ceux qui peuvent être dûs à Mᵉ Soreau, procureur au siége de Guerande, pour l'instance par luy suivie audit siége contre le seigneur de Camzillon, à requête des dits Pauvres, parce qu'ils en prendront quittances qui leur passeront à compte en décharge, et qu'ils retireront les titres et papiers dont est saisy le dit sieur Soreau, en le payant.

« Fait et arresté en la sacristie, lesdits jour et an que dessus, sous nos seings, fors ceux qui ne savent signer, etc. (¹). »

Le 16 mai de la même année, cette délibération était contrôlée à Savenay, et, le 14 juin suivant, l'un des marguilliers en charge de la feuillette de Bouée comparaissait à Guérande pour rendre aveu au seigneur de Campzillon. Ainsi, après deux ans d'une lutte où l'usage des fiefs et le droit coutumier se trouvèrent aux prises avec le mauvais vouloir le plus systématique et la finesse toujours si astucieuse du paysan, force restait à la coutume, et le procureur fiscal de M. de Jacquelot voyait enfin ses efforts couronnés par le succès.

« AVEU ET DÉCLARATION DES TERRES ET HÉRITAGES QUE TIENNENT ET POSSÈDENT, SOUS LE PROCHE FIEF DE LA BARONIE DE CAMPZILLON, LES PAUVRES HONTEUX DE LA FEUILLETTE DE BOUÉE, ETC.

« Lequel aveu Guillaume Seignard, l'un des marguillers en charge de ladite feuillette, rend et fournit aux fins de la procuration luy donnée par

---

(1) Si le registre des délibérations d'où cette pièce est tirée, existe encore à Bouée, on la trouve au feuillet 49, rᵒ et vᵒ, de l'année 1747.

acte de délibération de ladite feuillette du 23 avril 1747, à Messire Louis Jacquelot, chevallier, seigneur baron de Campzillon, conseiller au parlement de Bretagne, aux charges et devoirs cy après déclarés, sçavoir :

« Dans la saline de Trevaly, parroisse de Guerrande, vingt-un œillets de marais en deux scannes, avec leurs appartenances et dépendances, bournés des deux côtés et d'un bout les boussis ; dans la saline Trester, frairie de Trescalan, parroisse de Guerrande, dix œillets de marais à faire sel, en deux scannes, bournés d'un côté autre saline nommée Trester, boussi entre deux, d'autre côté les vazieres communes, d'un bout aux enfants du sieur Lenimirou, et d'autre bout aux héritiers du sieur de Garenne-Madec ; dans la même saline, un autre œillet de marais, situé entre autre œillet de marais aux héritiers du sieur Lenimirou et à l'abbé de Blanche-Couronne (1) ; dans la même saline, deux autres œillets de marais, situés entre autre œillet appartenant aux héritiers de la dame des Croix et du sieur de Garenne-Madec ; dans la même saline, deux autres œillets de marais ; dans une autre saline, aussi nommée Trester, deux autres œillets de marais bournés au septentrion le fossé, à l'orient aux héritiers de la demoiselle Dupré, du midy marais de la chapelainie de Saint-George, et à l'occident à M. Blossac ; dans la saline du Grand-Landas, frairie de Saillé, parroisse de Guerrande, deux œillets de marais, bournés à l'orient le boussi, d'autre côté et au septentrion, à la dame marquise de Saint-Pierre, et du midy au sieur du Coedo ; dans la même saline, quatre œillets de marais bournés à l'orient et au septentrion les boussis, du midy à M. le baron de Saint-Pierre, à l'occident à ...

« Les quels quarante-quatre œillets de marais les dits Pauvres de la feuillette de Bouée tiennent et relèvent prochement et noblement de la baronie de Campzillon, à devoir de foy, hommage et rachat. » — (*Titre sur parchemin.*)

Ensuite, par-devant les notaires royaux de la juridiction de la baronnie de Campzillon, Guillaume Seignard affirma cet aveu sincère et véritable, et présenta « pour homme vivant, mourant et confis-« quant, au seigneur, Nicolas Viaud, âgé de vingt-huit ans, au « décès duquel ledit seigneur jouira et percevra le droit de rachat « deu sur les dits héritages. »

. Le lendemain, 15 juin 1747, « en l'audience de la baronnie de « Campzillon, ès plais généraux, tenue par M. le séneschal, présent

---

(1) Cette abbaye remarquable, fondée vers la fin du xɪᵉ siècle par les seigneurs de la Roche-Bernard et de Pontchâteau, se trouvait dans la paroisse de la Chapelle-Launay (*in parochia capellæ de Auneio*). En 1767, cette abbaye fut réunie au prieuré de Saint-Jacques de Pirmil, à Nantes.

« M. le procureur fiscal, au fief de la Roche-en-Batz, paroisse dudit
« Batz, » cet aveu fut présenté par M⁰ Thomas Lallement, procureur
du vassal, et Le Bleuenec, greffier, eut l'agrément de le sceller du
sceau de la juridiction.

Avec l'aveu fut aussi présenté (sur parchemin) l'acte suivant, qui
prouvait l'existence de l'homme vivant et mourant offert par Guillaume Seignard, son âge comme homme de fief, et sa demeurance
dans la paroisse de Bouée :

*« Extrait des registres de baptêmes, mariages et sepultures de
la feuillette de Bouée, paroisse de Savenay, évêché de Nantes en
Bretagne, pour l'an 1719.*

« Le dimanche 5 feuvrier 1719, Nicolas né cette nuit dernière, fils de
Pierre Viaud et de Margueritte Riallot, sa femme, a été baptisé dans cette
église par moy vicaire soussignant ; le parrain Nicolas Viaud non marié, et
la marraine Marguerite Cheminet non mariée, qui ne savent signer.
VAUSSAUGES, *vicaire.* »

« Je soussigné certifie l'extrait cy-dessus conforme à l'original. A Bouée,
le 11 juin 1747. FR. LEGENTILHOMME, *vicaire.* »

« Nous soussignés certifions que Nicolas Viaud susnommé est établi en
cette ditte feillette, et y est actuellement demeurant au village de la Noë. Les
dits jour et an que dessus. AUGAY, *procureur fiscal de la Cour de Bouée ;*
FR. LEGENTILHOMME, *vicaire.* »

Ainsi prit fin cette grande affaire. Les administrateurs des Pauvres
honteux de Bouée n'y jouèrent pas un rôle auquel il soit permis
d'applaudir ; en faisant au seigneur de Campzillon une opposition
que l'ignorance ou la mauvaise foi seule explique, ils se montrèrent
infidèles à leur mandat ; car rien ne les autorisait à exposer, contre
toute chance de succès, les intérêts de leurs pupilles au hasard d'une
erreur judiciaire, et, en fin de compte, pour payer les frais de ce
procès si légèrement entrepris, les Pauvres durent probablement
sacrifier plusieurs années de leurs revenus.

Maintenant, qu'était-ce que ces *Pauvres honteux* de la feuillette
de Bouée? Telle est la question qui se présente naturellement, et à
laquelle il n'est peut-être pas aussi facile de répondre qu'on pourrait
le croire au premier moment. Ces mots : *pauvres honteux,* avaient-
ils alors, dans notre langue, la même acception qu'aujourd'hui,
c'est-à-dire, éveillaient-ils dans un coin du cœur la pensée de quelque
noble et fière infortune qui dissimule sa misère comme une faute, et

qu'il est impossible de secourir sans employer les mille délicatesses d'une charité dont les âmes vraiment pieuses possèdent seules les ingénieux secrets? Au risque de faire sourire quelques érudits *pergaménivores,* nous avouons franchement que nous n'en savons rien. Après avoir consulté les quelques vieux sermonnaires que nous avons pu trouver au fond de la campagne que nous habitons, après avoir interrogé plusieurs personnes que leurs nombreuses lectures pouvaient mettre à même de nous éclairer à cet égard, notre ignorance est restée la même; car, malheureusement, les souvenirs que nous avons invoqués, pas plus que les sermonnaires que nous avons parcourus, n'ont pu trancher la difficulté et résoudre la question.

Désespérant d'arriver à la lumière, nous allions terminer notre article sur ce point d'interrogation, lorsque, par un bonheur singulier, une âme généreuse eut la bonne pensée de mettre à notre disposition des papiers assez curieux concernant la ville de Guérande. Parmi ces papiers, figuraient les *Statuts de la Confrarie de Monseigneur sainct Nicholas, establie en Guerrande en* 1350, avec de beaux priviléges spirituels, dont nous avons la bulle, et que nous publierons quelque jour; puis une copie des délibérations du général de cette ville, à partir de 1745 jusqu'en 1779, copie qui ne compte pas moins de 298 feuillets in-f°, et dont Guérande a perdu l'original (¹).

Ces papiers, dont nous allons citer quelques extraits, nous permettent d'essayer de donner le mot de la difficulté qui nous occupe, sans oser prétendre cependant qu'on ne puisse pas, au moyen des connaissances qui nous manquent, en fournir une explication plus satisfaisante et plus exacte.

Au lieu de voir dans ces *Pauvres honteux* de la feuillette de Bouée, des infortunés qui cachent leur misère, n'y pourrait-on pas reconnaître plutôt des malheureux *qui devraient se cacher?* Car enfin, conçoit-on des pauvres honteux qui perçoivent des revenus, qui jouissent de terres au soleil et qui ont à leur disposition *des hôpitaux?* J'ignore s'ils en avaient ailleurs; mais du moins à Guérande, sur trois établissements de ce genre qui existaient autrefois dans

---

(1) Ce recueil, assez insignifiant au point de vue historique, renferme néanmoins des documents intéressants sur quelques familles notables du pays. Nous en reparlerons.

cette ville, il s'en trouvait un affecté à leur usage et qui portait leur nom.

La *remontrance* suivante, faite en l'assemblée du général de Guérande, le 2 septembre 1759, en même temps qu'elle prouve l'existence de cet hôpital, fixe aussi, peut-être, le sens du mot *honteux* accolé à celui des pauvres dont il est ici question.

« De la part de noble M⁰ François Robin, docteur en médecine (1), médecin en titre de cette ville, et trésorier du général de la paroisse, a été remontré que noble et discret missire Guillaume Broussard, recteur de cette paroisse, a fait sommation au général, en la personne du remontrant, le 26 de ce mois, tendante à ce que ledit général eût à pourvoir, ou faire pourvoir à la nourriture et entretien d'un enfant, âgé de deux ans, qui a été confié à la garde et charge *des Dames de l'hôpital des Pauvres honteux de cette ville*, le vendredi 17 du présent mois. Le remontrant a observé que la sommation du dit sʳ Recteur pèche dans la forme et dans le fond : dans la forme, elle est irrégulière et comme telle doit être rejetée et regardée comme non avenue, en ce qu'elle est faite sans l'avis du Bureau ; cependant l'affaire était assez importante pour exiger cette formalité nécessaire. En second lieu, cette sommation pèche dans le fond, *car il ne fut jamais de pauvres plus honteux que l'enfant en question, par son état et sa condition,* et les revenus des biens fonds des pauvres honteux ne peuvent jamais mieux être employés qu'à la nourriture et l'entretien dudit enfant. »

Maintenant, dira-t-on, comme quelques-uns nous l'ont suggéré, que les revenus des biens dont il est ici question, étant versés entre les mains d'un marguillier administrateur, celui-ci pouvait en faire secrètement la répartition entre les pauvres honteux de la paroisse ? Soit. Mais si l'on réfléchit que l'administrateur était tenu, chaque année, en présence du général assemblé, de rendre compte des deniers qu'il avait perçus et de quelle manière il les avait dépensés, avant d'en obtenir décharge ; lorsqu'on sait que ces comptes étaient autrefois épluchés avec une rigueur telle, que, pour justifier l'emploi de quelques misérables sous, il fallait parfois toute une page d'un

---

(1) Nous avons entre les mains des mémoires de ce brave docteur, présentés à la plus grande dame du pays de Guérande, et dont nous extrayons les originalités suivantes :

« Une bonne médecine, filosofiquement préparée pour Monsieur le chevallier... Un lav..... donné à la jument... Une saignée à Saint-Jean en passant... » Tout y marche ainsi de compagnie, bêtes et gens.

grand registre in-f°, on comprend que le chapitre des aumônes ,
prises sur leurs revenus et faites aux pauvres honteux, ne devait pas
être négligé plus que les autres ; et alors, comment pouvaient-ils
rester dans leur rôle de pauvres honteux et échapper à une humi-
liante publicité? Le même inconvénient les attendait à l'hôpital ;
car, ou ils y demeuraient, ou ils y allaient seulement pour réclamer
des secours : dans les deux cas, le secret de leur position devenait
forcément le secret de la comédie.

La qualification de pauvres honteux telle que nous la comprenons
aujourd'hui, ne peut donc pas leur être appliquée. Appuyé sur la
remontrance du docteur Robin, ne semble-t-il pas plus rationnel, en
parlant des pauvres de la feuillette de Bouée comme de ceux de Guérande, de se servir d'un vieux mot, encore en usage dans nos cam-
pagnes, et de dire : les pauvres *honts* (désho norés), et de voir sim-
plement dans leur hôpital un lieu de refuge ouvert au repentir ?

Sommes-nous dans le vrai en adoptant cette conclusion, ou bien
notre explication, qui réellement présente quelque chose de spécieux,
passe-t-elle à côté de la vérité ? Nous n'osons pas nous prononcer à
cet égard, d'autant plus que l'hôpital des Pauvres honteux ne voulut
pas se charger de l'enfant exposé à sa porte, *et qu'on ne chercha pas
à l'y contraindre :* la honte de sa naissance *ne lui donnait donc pas
le droit d'y être reçu,* et alors notre explication est bien malade !
Pourtant, nous n'y renonçons pas encore ; car les deux autres hôpitaux de Guérande, auxquels il fut également présenté, agirent abso-
lument de la même manière, et repoussèrent ce pauvre enfant avec
une dureté qui, à l'assemblée du 18 novembre de la même année,
faisait jaillir de l'âme de notre docteur ces paroles tristement sévères :
« ..... Il est bien humiliant pour le général qui, par sa charité et par
ses aumônes, a établi trois hôpitaux dans sa ville, et qui les soutient
encore par ses bienfaits, de se voir nécessité d'envoyer ses pauvres
à des hôpitaux étrangers. Il prie Messieurs de l'assemblée d'y faire
attention pour le présent et pour l'avenir..... »

En désespoir de cause, le général de Guérande, après s'être
adressé à l'hôpital de Nantes, qui lui demanda, pour recevoir cet enfant, une somme assez ronde, se décida à le confier, moyennant une
légère rétribution mensuelle, à une femme de la ville.

Malgré la flétrissure de sa naissance, l'hôpital des Pauvres honteux
avait-il réellement le droit de se refuser à recevoir cet enfant, que des

mains étrangères avaient déposé *dans son alle?* ou bien sa persst ance
à le repousser ne provenait-elle que d'un de ces entêtements , aussi
peu charitables que chrétiens — dont l'amour-propre froissé est toujours la source — et que le général de Guérande , pour des motifs
faciles à comprendre, ne voulut pas violemment briser ? Ces deux
hypothèses sont également admissibles. Si l'on adopte la première,
notre explication est défectueuse ; et alors, *habeat quò libuerit*,
comme de la fameuse Déclaration gallicane : si c'est la seconde, nous
aurions le petit bonheur d'avoir deviné juste.

Fiat lux! Telle est la prière que nous nous permettons d'adresser
à ceux des lecteurs ou rédacteurs de la *Revue* qui , au moyen de
documents positifs, se trouveraient dans le cas de donner le fin mot
du mystère que nous avons essayé de pénétrer ; mystère, nous
l'avouons , dont l'obscurité est pour nous aussi complète que
jamais (1).

---

(1) Le véritable sens à donner ici au mot *honteux*, se trouverait sans aucun
doute dans les titres primitifs de fondation ou de donation; mais , jusqu'à ce
jour, nous n'en avons rencontré aucun.

Nantes, Imprimerie A^{sd} GUÉRAUD et Cie, rue Basse-du-Château, 6.